Hommage au Comité des travaux historiques du ministère
A. Parat
3 planches

NOTICES ARCHÉOLOGIQUES VILLAGEOISES
DE L'AVALLONNAIS

Par M. l'Abbé A. PARAT

CORRESPONDANT DU MINISTÈRE DE L'INSTRUCTION PUBLIQUE

SAINT-MORÉ
VOUTENAY

Les premiers habitants de l'Avallonnais

NOTICES ARCHÉOLOGIQUES VILLAGEOISES

DE L'AVALLONNAIS

Par M. l'Abbé A. PARAT

CORRESPONDANT DU MINISTÈRE DE L'INSTRUCTION PUBLIQUE

SAINT-MORÉ

VOUTENAY

Les premiers habitants de l'Avallonnais

AVALLON

IMPRIMERIE DE LA « REVUE DE L'YONNE »

1922

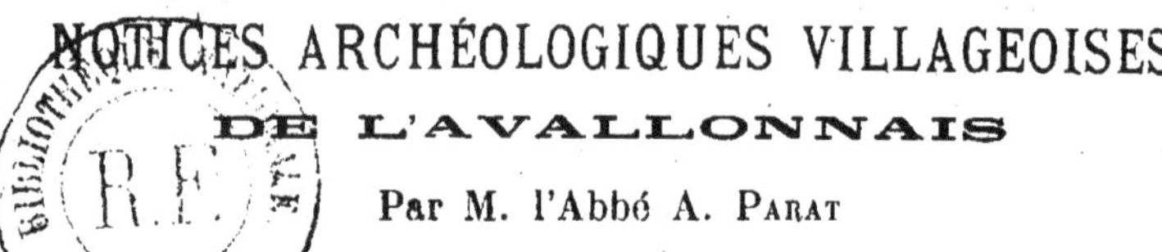

NOTICES ARCHÉOLOGIQUES VILLAGEOISES DE L'AVALLONNAIS

Par M. l'Abbé A. Parat

Correspondant du Ministère de l'Instuction publique

SAINT-MORÉ

TEMPS GÉOLOGIQUES

Le territoire de la commune de Saint-Moré, d'une superficie de 1198 hectares, pour une population de 225 habitants, est traversé par la Cure, au cours sinueux, sur cinq kilomètres, offrant des gués nombreux dans son parcours. La vallée, cotant une altitude de 130 mètres, dessine autour du village un cirque remarquable bordé de pentes escarpées auxquelles se relient des plaines ondulées à l'altitude de 258 mètres.

Saint-Moré est à 12 kilomètres, à l'ouest du granit d'Avallon, mais son terrain est constitué tout entier par les couches calcaires de l'époque secondaire, de la série dite jurassique, parce-qu'elles sont le prolongement des montagnes du Jura. Il est facile de suivre sur 100 mètres de hauteur, la succession de ces couches, soit à la montée de la route de Montillot, soit aux escarpements de la Côte-de-Chair.

On trouve donc au pied des côtes le calcaire en gros bancs, autrefois exploité à la carrière de Nailly, et que les géologues appellent, l'étage bathonien ou encore la Grande-Oolithe. Puis, vient un calcaire gris qui se débite en plaquettes et qui est assez riche en coquillages marins ; toutes ces couches s'étant déposées dans les mers qui couvraient la terre jusqu'au Morvan. Ce calcaire qui fournit des laves pour la toiture, s'appelle l'Oxfordien supérieur. Entre les deux étages s'intercale parfois des lits de calcaire silicieux (forune) qu'on utilise pour les routes et dont les peuplades primitives ont fait des outils.

Un dernier étage très épais forme le couronnement, et constitue le plateau. Il est de nature massive, c'est-à-dire qu'il n'offre pas de bancs réguliers comme les autres. C'est un calcaire blanc souvent cristallin qu'on appelle l'étage corallien, à cause des coraux fossiles qu'il contient. Il a servi aux Romains pour construire leur chaussée. Les escarpements pittoresques de la Côte-de-Chair sont dus à ce calcaire résistant qui défie le granit. Les grottes sont presque toutes excavées à la base de sa masse ou au contact avec l'étage oxfordien.

On observe là une particularité de la vallée de la Cure, car la Côte-de-Chair forme la pointe d'une sorte de récif semblable à ceux des mers chaudes et qui constitue le plateau allant de Saint-Moré à Châtel-Censoir. Cette association de trois étages de calcaire, de peu d'épaisseur, a produit de curieux effets. D'abord, leurs couches fracturées se sont inclinées en sens contraires ; la Côte-de-Chair s'abaissant de l'est à l'ouest, et les Chaumes d'Arcy s'abaissant de l'ouest à l'est. Ce déplacement des couches a déterminé cette anse profonde de la rivière qui ajoute au pittoresque de la rivière.

D'autre part, des fissures nombreuses se sont produites par ces mouvements du sol. Alors, des eaux souterraines abondantes et persistantes, arrivant vers les fissures, les ont insensiblement agrandies en dissolvant la roche. La fissure est devenue fente, puis boyau, puis galerie ou chambre. Telle a été l'origine des cavités appelées grottes, dont l'agrandissement a pris fin avec la sécheresse de l'atmosphère. Ces cavités, en forme de couloirs ne sont pas les seules ; elles s'étalent ou s'enfoncent à la surface du sol ; on les appelle crots, s'ils forment des cuvettes sans eau et soilles quand le creusement simule un puits. Il y a un crot au bois de Nosbile et plusieurs soilles de 6 à 15 mètres de profondeur au bois de la Mardelle, qui a pris ce nom patois, d'un grand crot.

Les grottes contiennent des dépôts argileux et sableux de couleurs variées qui sont les restes d'un épais manteau, qui a recouvert la contrée jusqu'au Morvan. Ces sables et argiles ont été apportés par les eaux marines venant de la Manche, et font partie du terrain, dit tertiaire, par les géologues. On peut étudier ces dépôts au couloir de la Roche-Percée qui contient avec ses lits d'argile pure et de sable fin, des poches d'ocre jaune. Cette substance avait donné lieu à une exploitation qui a dû s'arrêter devant la pauvreté du gisement.

Le travail des eaux superficielles, autrefois important, a déposé sur le flanc des collines, des alluvions de sable et de cailloux qu'on retrouve aussi dans les grottes. C'est le terrain quaternaire des géologues. Une carrière de sable de granit est exploitée à 40 mètres au-dessus de la vallée, dans le Val-aux-Moines.

Ce fait nous reporte à une époque fort éloignée, où les pluies étaient plus considérables et continues que de nos jours, ce dont l'homme des grottes a été le témoin en partie. Cette abondance des eaux se découvre dans les dépôts de concrétions calcaires, qu'on appelle stalactites et stalagmites, semblables aux aiguilles de glace qui pendent aux toits l'hiver. Les concrétions, si remarquables à la grande grotte d'Arcy, se voient en petit aux grottes des Vipères et de l'Homme, aujourd'hui très sèches. Il y a même à la Roche-Percée des stalactites formées par le sable descendu par des fissures et agglutiné par la chaux des eaux d'infiltration.

Une dernière formation s'est faite à la surface du sol, sur les pentes. Ce sont les éboulis des roches qui s'effritant par l'action des gelées, ont produit un gros sable argileux qu'on appelle l'arène et qui sert de mortier. Belgrand a trouvé un ossement d'éléphant dans ces arènes qui s'accumulent en de grandes épaisseurs au pied des côtes.

Le territoire de Saint-Moré est aride, sauf dans la vallée. Sur la rive gauche se voit la curieuse fontaine de la Côte de Saint-Moré, qui sort à mi-côte et ne tarit jamais. Au pied, en Gaudrée, près de la rivière, sortent quatre sources dont l'une coule en tout temps. Sur la rive droite, une source très abondante qui fournit un lavoir à Nailly, dérive les eaux du plateau de Précy. La rivière forme une succession de gours et de gués qui annonce des actions violentes. On compte sept gués qui servaient de passage à la saison sèche.

ÉPOQUE PRÉHISTORIQUE

L'histoire de France, en remontant le cours des âges, s'arrête pour nos régions au peuple des Celtes, dit Gaulois, que l'on croyait le premier occupant. Mais bien avant l'époque gauloise se place environ 400 ans avant Jésus-Christ une série de peuplades, de nom inconnu, qui nous sont révélées par les débris enfouis dans les grottes. A ce point de vue, le modeste village de Saint-Moré peut se vanter de fournir des documents rares à la grande histoire nationale.

Avant les plus anciens Celtes qui connurent le bronze seul d'abord, puis le fer, avaient paru dans nos vallées des hommes qui ne savaient employer que la pierre et l'os pour leurs armes et outils, mais qui savaient polir la pierre, fabriquer la poterie, filer le lin, utiliser les graines ; c'étaient des hommes de la vie pastorale et agricole. Ces primitifs sont appelés en archéologie les *Néolithiques*. Ils venaient après tant d'autres qui taillaient habilement le silex pour en faire des séries d'outils : légers racloirs, grattoirs, perçoirs, burins et qui façonnaient l'os, l'ivoire, le bois de renne. C'étaient des chasseurs de renne, comme on les appelle, mais aussi des artistes qui dessinaient, sculptaient et peignaient les animaux de leur chasse. Ces derniers avaient pris la place d'autres occupants, appelés les chasseurs d'ours, qui étaient de rudes sauvages dépourvus du sentiment artistique. Ils employaient le silex ou le calcaire dur du pays pour en former des outils d'un type spécial assez grossier. Tous ces tailleurs de pierre sont appelés en archéologie des *Paléolithiques*.

C'est cet ensemble de connaissances, se bornant à l'industrie, au genre de vie, et parfois à la conformation de l'individu d'après son squelette, qui forme la préhistoire de la France. Les archives, pour le bassin de Paris, sont en grande partie aux grottes d'Arcy et de Saint-Moré. Les plus anciennes seraient à Saint-Moré parce qu'elles sont à 30 mètres au-dessus de la rivière, tandis que celles d'Arcy sont au raz de la vallée, ce qui ne permettait qu'un stationnement d'été.

Sur les 22 grottes qui existent au territoire de Saint-Moré, 17 se groupent dans le cirque de la Côte-de-Chair, les autres, peu importantes, sauf la Roche Moricard de 25 mètres de longueur et le crot Canat de 20 mètres, au chemin de Précy, sont disséminées partout. Le grand nombre de grottes réunies autour de l'anse de la Cure aurait donné l'aspect d'un village préhistorique, si elles eussent servi d'habitations. Mais les grottes de la

Cure, étroites, humides, ruineuses, n'ont été que des abris temporaires fréquentés à la saison sèche. Des 22 grottes, 11 n'ont offert aucune trace de l'homme, et 5 seulement ont fourni un mobilier un peu important.

En suivant la Côte-de-Chair de son extrémité ouest, on trouve la grotte du Mammouth, de 15 mètres de longueur. Elle marque la plus ancienne occupation de l'homme des grottes, chasseurs d'ours, ce qui est indiqué par la présence des débris de l'ours et de l'hyène des cavernes, de l'éléphant primitif et surtout du rhinocéros, associés à des silex de la série, dite moustérienne, qui a conservé la hache de Saint-Acheul. Puis viennent les grottes de l'Homme, de 23 mètres et des Blaireaux, de 19 mètres, pourvues de rares silex de forme légère et de l'âge moins ancien, dit de la Madeleine. Un caveau sépulcral termine la grotte de l'Homme et là se trouvaient des ossements humains empâtés dans la concrétion calcaire et deux crânes entre autres posés à l'entrée sur une dalle. A la suite, se voient des couloirs de 25 à 60 mètres, appelés la grotte des Vipères, pourvue de stalactites, la grotte de la Cuiller contenant un peu de poterie, et la grotte du Couloir, toutes très pauvres en débris.

Au delà, s'ouvre la belle salle de Nermont, de 34 mètres, saine et ensoleillée. Là seulement, d'épais foyers contenant de la poterie en abondance, annonçaient une véritable habitation de l'époque de la pierre polie ou néolithique, de l'époque du bronze, avec des vestiges des époques gauloise, gallo-romaine et mérovingienne. C'est la grotte la plus remarquable de la région, qui nous fait connaître, après les chasseurs de la vie sauvage, les préhistoriques, dont l'outillage de silex s'est enrichi du métal. On voit que leurs animaux sont les nôtres et que leur vie se rapproche de la nôtre. Ils sont sédentaires, ils cultivent la terre, élèvent du bétail, façonnent la poterie, tissent les étoffes. Ils ont certainement du goût dans l'ornementation de la poterie, mais l'art a disparu, et déjà des enceintes établies sur les hauteurs annoncent que la guerre est entrée dans le monde.

Il n'est plus qu'une grotte intéressante dans la série qui occupe l'extrémité est du cirque. Il suffit de citer la Maison de 7 mètres où vécut un troglodyte moderne, le Père Leleu, la Roche-Percée, de 120 mètres, contenant un petit gisement de silex et de poterie à l'entrée, les grottes du Tunnel, du Tisserand, du Crapaud, du Puits. Une mention est due à la dernière, la grotte de la Marmotte, en forme de puits de 4 mètres de profondeur, qui a fourni un abondant et beau mobilier de silex et d'os qui paraît clore l'âge de la pierre taillée. Deux grottes seulement sont au niveau de la vallée : l'Entonnoir, de 86 mètres et plus, ancien bras souterrain de la Cure, et la Cabane où se trouvait un petit gisement de l'âge du bronze.

Avec les hommes en possession du métal, du bronze d'abord, puis du fer, nous sommes à une époque qu'on appelle protohistorique, c'est-à-dire qui précède immédiatement l'histoire écrite. A part Nermont, 7 grottes ont fourni des débris de poterie primitive qu'on peut rapporter à cette époque. Mais on voit que les hommes s'installent alors sur les hauteurs où ils se fortifient. Saint-Moré possède deux camps qui permettent d'étudier cette époque de transition.

Le camp de la Côte-de-Chair, qui se relie avec la grotte de Nermont, est formé par une enceinte demi-circulaire se développant sur 400 mètres environ, ses extrémités arrivant au bord d'abrupts inaccessibles. Son muret de pierres atteint 3 mètres de hauteur sur un point et 10 mètres de largeur où s'est fait l'éboulis. Une seconde enceinte part également de la bordure rocheuse, à 200 mètres plus loin au sud, et vient aboutir au milieu du grand en décrivant un quart de cercle de 5 à 6 mètres de largeur d'éboulis. C'est ce camp, que des archéologues ont pris pour les ruines d'un château, qu'ils ont appelé Querre (de *Cora*, Cure). Des fouilles sur ce plateau rocheux où se voit la poterie primitive, feraient mieux connaître ce camp antique.

En face de la Côte-de-Chair, au sud, rive gauche, s'élève une butte que les habitants appellent Villaucerre, (ainsi orthographié sur un plan de 1787). D'après eux, une grande ville aurait existé sur ce plateau aride, où se dresse une grande muraille soutenue par des tours. Cet endroit longuement exploré, (1902 à 1907), après M. Baudoin architecte, par l'auteur, grâce aux subventions venues de partout, a vu son mystère s'éclaircir. Il est maintenant certain que Villaucerre était primitivement un camp de l'époque protohistorique ou du bronze, qui est devenu plus tard, un camp gallo-romain protégeant le bourg de Cora (Saint-Moré).

Ce camp, situé au bord de la Cure, à 800 mètres de l'église, sur une butte de 112 mètres de hauteur, est bordé sur trois côtés de pentes fort escarpées. Son petit plateau incliné, de 20 hectares de contenance, se relie au nord-ouest à la plaine, par une langue de terre de 200 mètres de largeur, seul endroit d'un accès facile. C'est cette sorte d'isthme que les hommes du bronze fermèrent par un retranchement de pierres. Le monceau, fait de gros matériaux et formant d'os d'âne, mesure actuellement de 20 à 40 mètres de largeur à la base, et 6 à 8 mètres au sommet ; il a encore, après remaniement des Romains, 2 à 7 mètres d'élévation. A 45 mètres en avant, existe un tronçon d'épais muret de 35 mètres de longueur qui servait de première défense, et d'autres murets fortifiaient les points faibles du camp ; un fossé creusé dans le roc longe le pied du retranchement.

Les trouvailles ont été assez fructueuses sur trois points : 1° au pied du retranchement à l'intérieur ; 2° au bord de la côte dans l'endroit le plus abrité qui était le stationnement principal ; et 3° au bord de la pente qui regarde la rivière. Chose curieuse, la récolte des débris s'est trouvée la même qu'à la grotte de Nermont. Pour les animaux c'est le bœuf, le sanglier, le mouton, le cheval (rare), le renard. Pour le mobilier de silex, il y a quelques petits tranchets qui rappellent l'époque néolithique, puis quantité d'éclats où se trouvent des grattoirs, des perçoirs et quelques pointes de flèche. Les galets de rivière intacts et pouvant servir de projectiles, d'autres rapés et utilisés pour broyer les graines sur des plaques de granit, sont en nombre considérable. Les débris de poterie ne se comptent pas, soit de la sorte commune, soit de la sorte fine, lustrée, et il y a des fusaïoles ou pesons de fuseaux en terre cuite. En résumé, il s'est trouvé 640 galets, 18 meules et molettes, 1 polissoir, 379 éclats de silex, 39 outils, 5 fusaïoles, 491 vases de poterie commune, 92 de la sorte fine, 2 morceaux de bitume.

Le bronze était rare et représenté seulement par des débris, car ce métal de provenance étrangère avait une grande valeur. On a recueilli la pointe d'une lame de poignard, une pointe de lance de 12 cent. et une pointe de flèche, trois objets de chasse ou de guerre. Des fragments de quatre fibules ou agrafes, deux fragments de bracelets à côtes, un bouton plat circulaire (Voir la planche). De plus on ajoutera une tige de grande épingle, un fragment de tranchant de hache, un bouton conique, une petite spatule et d'autres menus débris. Ces objets appartiendraient à l'époque de la transition du bronze au fer, quoiqu'il ne se soit trouvé qu'un petit fragment de tige en fer. Cette époque dite hallstattienne daterait le camp de 850 avant Jésus-Christ.

A l'endroit du stationnement on a reconnu des fours de fonderie et dans les terres un certain nombre d'ossements humains gisant sans ordre. On peut donc croire que les hommes de la grotte de Nermont avaient au camp de Cora leur lieu de stationnement et de défense, mais qu'ils n'étaient qu'un petit groupement. Voir pour plus de détails, le Bulletin de la Société des Sciences de l'Yonne : 1893, la grotte du Mammouth ; 1895, celles de l'Homme, des Blaireaux ; 1896, celle de la Marmotte ; 1908, celle de Nermont ; 1907, le camp de Cora.

ÉPOQUE GAULOISE

C'est une époque dont le point de départ est inconnu, mais qui apparaît dans l'histoire de France vers le ve siècle avant Jésus-Christ. C'était le peuple des Celtes, comme ils se nommaient eux-mêmes, ou des Gaulois comme les appelaient les Romains, avant la conquête de la Gaule par Jules César, 52 ans avant Jésus-Christ. Ils étaient en possession d'une belle industrie et d'une certaine organisation. Tout le plateau boisé entre le Serain, la Cure et l'Yonne était le lieu principal de leur stationnement, car il est riche en sépultures. Les Gaulois plaçaient leurs morts sur le sol et les recouvraient d'une butte, quelquefois considérable de pierres, bien arrondie, que les archéologues appellent des tumulus. Ils sont nombreux dans les bois de Châtel-Censoir, de Brosses, de Girolles, d'Annay.

Ces meurgers ou tumulus nous montrent nos ancêtres avec leurs objets de parure, de bronze ou de fer : colliers, bracelets, anneaux, agrafes et très rarement avec une épée de fer. Saint-Moré est à peine représenté pour cette époque par quelques petits tumulus sur la Côte-de-Chair et au bois de Vosbile. Pourtant j'ai trouvé dans la grotte de Nermont un morceau de leur gros bracelet à oves, preuve que les Gaulois visitaient les grottes. Quelque chose nous est resté de leur langue dans les noms de nos rivières que les Romains conservaient encore. Ainsi le Cousain ou Cosain qui se disait *Cosa* et la Cure ou Chore qui se disait *Cora* à l'époque romaine, sont les témoins des temps gaulois.

ÉPOQUE GALLO-ROMAINE

Saint-Moré, quelque peu délaissé à l'époque gauloise, va retrouver sa célébrité avec la colonisation romaine. Jules César a définitivement vaincu les Gaulois de Vercingétorix à Alise, et bientôt un changement total se produit dans les habitudes du peuple et les Gaulois de l'indépendance mériteront de s'appeler des Gallo-Romains. La vallée de la Cure est favorisée, car sous l'empereur Auguste, son gendre Agrippa construit, l'an 12 avant Jésus-Christ, une chaussée qui joint Lyon à Boulogne-sur-Mer, ou mieux Rome à l'Angleterre. Cette grande voie d'Agrippa, venant d'Autun, passe par Girolles, Sermizelles, Voutenay, Saint-Moré, Séry, Sainte-Pallaye, etc.

La voie est très visible entre Voutenay et Saint-Moré, dans la plaine de Mimolène. Elle passait la Cure au gué de Nocret sur un pont de bois dont les anciens disent avoir vu les pilotis. Avant le pont, une branche, encore apparente, s'en détachait et venait finir au gué que traverse le pont moderne. La voie longe sous terre le clos du château, puis, de la place de l'église, elle fait un coude pour gagner la côte. Elle disparait sur les Chaumes, mais passé le sol rocheux, elle forme une levée qui se poursuit 600 mètres avec un remblai qui atteint 3 mètres de hauteur, telle une chaussée de voie ferrée. La masse est construite en pierres calcaires arrondies, tirées de la côte et cimentées par une terre blanche, grasse, de la même couche.

Cette voie avait comme tous les grands chemins de l'Empire des bornes indicatrices placées à 1481 mètres de distance. Une de ces bornes militaires trouvée à Prégilbert, en place sur la voie, permet d'indiquer celles qui s'élevaient sur le territoire de Saint-Moré. Une des deux, était à cent mètres au-delà du pont romain, et l'autre sur les Chaumes, là où la chaussée devient droite. (Voir la figure).

Le passage de la voie sur la Cure était un poste important au point de vue stratégique. Aussi, un document appelé la Notice des dignités de l'Empire, datant de 400, mentionne qu'un corps de soldats Sarmates est chargé de garder le pays depuis Paris jusqu'à Cora, tandis qu'un autre, garde de Cora à Autun. C'était, dit la Notice « la Préfecture des Sarmates infidèles » c'est-à-dire non chrétiens.

Cora désigne la rivière et le poste militaire, et le village lui-même est cité dès 350 par l'historien Ammien Marcellin, un des capitaines de Julien l'Apostat. Ce témoin écrit, que l'empereur étant à Autùn avec son armée sur le point de marcher vers Reims pour repousser les Barbares, réunit son conseil pour savoir quel chemin il lui faut prendre. Trois directions sont proposées, entre autres, la voie d'Agrippa, passant par « Saulieu et Cora. » C'est la première fois que ce nom devient historique. (Voir la notice *Cora et Coræ vicus* dans le Bulletin de la Société des Sciences 1911).

Une planche en phototypie reproduit une page d'un manuscrit du IXe siècle (celui de Charlemagne), de la Bibliothèque du Vatican, où Ammien Marcellin parle de Cora ; ce nom se trouve au milieu de la quatorzième ligne. Le nom d'Auxerre est à la dix-neuvième.

Le village gallo-romain de Saint-Moré fut probablement fondé peu à près l'établissement de la voie. Par les fouilles qui ont été faites on constate que le groupement occupait les deux bords de la voie, à partir de la rivière jusqu'à l'église, avec un tronçon qui allait dans la direction du camp (chemin de la Croix). Sur le côté est de la voie et tout au bord, M. le colonel de Nailly a découvert en 1897, dans le clos de son château, en face la Croix des Chemins, une importante villa couvrant environ 34 ares ; l'édifice principal regarde la rivière mesurant 26 mètres sur 16. Il est divisé en cinq compartiments, subdivisé en salles grandes et petites, dont deux se terminent en hémicycle. Par derrière s'étend une grande cour autour de laquelle sont des dépendances qui bordent la voie romaine. C'est dans ces parties que fut exhumée une statue en pierre tendre de 75 centimètres de hauteur. Elle représente une femme assise dans un siège, reposant sur un socle creusé de petites niches où se plaçaient les offrandes. D'une main elle tient une corne d'abondance dressée contre son épaule. Le vêtement, d'une double tunique plissée, est correctement rendu mais la figure est sans caractère. On l'appelle Cérès, déesse des moissons ou la déesse de l'abondance, c'est une œuvre de la décadence 300 à 400 après Jésus-Christ. On peut croire que la villa Cérès était la demeure du chef militaire et le magasin d'approvisionnement de l'armée de passage. (La statue est au musée d'Avallon et son moulage au musée de Saint-Germain-en-Laye).

Plusieurs trouvailles autorisent cette supposition. On a les fragments d'un sarcophage décoré de palmettes artistiques, (voir la figure, musée de Saint-Jean-les-Bons-Hommes). Dans le cimetière de Saint-Moré, qui est de toutes les époques, on a recueilli une bague en argent dont le chaton porte une agate gravée d'un chasseur accompagné d'un chien, une autre bague en or dont la pierre fine figure un personnage tenant un glaive, une troisième en or avec un dessin et un nom gravé sur le chaton. (Collection abbé Poulaine). Dans les champs on a ramassé une pierre fine (cornaline) qui représente en creux (intaille) une tête casquée, (coll. abbé Parat), une statuette de Vénus en bronze.

Ce bourg de Cora au passage de la rivière, cette station militaire avec poste de ravitaillement, cette butte qui commande le passage font tout de suite penser à un camp, et le camp existe. Le chemin qui y conduit prend justement à la villa Cérès en cotoyant une pente qui pouvait être fortifiée. C'était un camp de l'époque du bronze, défendu par un fort retranchement qui fermait l'entrée. Les Romains n'eurent qu'à élever sur ce barrage un rempart de maçonnerie qui se développe sur 270 mètres.

Le rempart se compose de trois parties. Le front principal de 185 mètres, commence à droite, c'est-à-dire à l'ouest par une tour demi-circulaire. Le chemin qui passe au pied, venant de l'esplanade, indique l'entrée du camp surélevée de 3 mètres. A 90 mètres de la tour, se dresse la grande muraille épaisse de 2 m. 70 en faisant un coude léger au milieu. Sur ce front, sont échelonnées à la distance de 24 à 27 mètres, cinq tours semi-circulaires, pleines, sorte de contreforts ayant 6 mètres 50 de diamètre et 3 mètres de saillie. Ce front de muraille se termine par une tour plus forte dont se détache à angle droit un mur de

65 mètres de longueur et de 2 mètres d'épaisseur qui borde le chemin d'arrivée ; c'est la deuxième partie. A son extrémité s'amorce à angle droit un autre tronçon de 20 mètres de longueur sur 3 mètres d'épaisseur, qui traverse le chemin et se soude à une grosse tour ruinée dominant la côte. Dans cette troisième partie, barrant le chemin d'un mur épais, devait s'ouvrir la petite porte du camp donnant accès sur l'esplanade. De sorte qu'il fallait, pour gagner la porte vraie, passer devant le front du rempart. (Voir le plan du rempart).

Les tours et les courtines sont bâties avec le calcaire lisse de l'endroit, tantôt à la chaux, tantôt au ciment rouge. Elles ont un parement intérieur et extérieur uni par un blocage très résistant. C'est un appareil des plus rustiques, mais le parement extérieur de la grande muraille est agrémenté de cordons de dalles inclinées, qui forment parfois l'arête de poisson, par leur double inclinaison. On compte onze cordons simples et trois cordons doubles. (Voir un spécimen des murailles).

Cette grande construction n'est pas la seule ; il y a dans la direction sud, à 200 mètres de l'entrée, les fondations d'un bâtiment sans séparations, de 33 mètres sur 11 et un mètre d'épaisseur de mur qui est dans le genre du rempart. Pour les habitants, c'est « l'église de Villaucerre », nom du lieudit et qui était celle d'une grande ville munie de murailles.

Pasumot, ingénieur géographe du roi, est le premier qui en 1765, reconnut la voie romaine et crut trouver dans le camp, le bourg de Cora. M. Baudoin, architecte à Avallon, fit quelques fouilles en 1850 et data le camp du IVᵉ siècle. Je repris les travaux de 1902 à 1907 et mit, grâce aux souscriptions, les murailles à découvert. Mais les trouvailles furent très pauvres partout : de rares débris de tuiles à rebords et d'anses d'amphore. Seulement le vigneron en piochant au pied du retranchement a ramassé une trentaine de monnaies, dont plusieurs gauloises en argent, et des romaines, déterminées par M. Blanchet et qui portent les noms d'Adrien, Marc-Aurèle, Trajan, Faustine mère, Vespasien, Tétricus, Constantin I et II, Gordien, Valentinien. (Coll. abbés Poulaine et Parat). D'autres monnaies trouvées autour du village donnent Antonin-le-Pieux, Lucille de Lucius Varus, Victorin et des quinaires du Bas-Empire.

Les preuves de l'occupation romaine sont partout à Saint-Moré, citons les principales. Un petit aqueduc prenait les eaux de la fontaine, dite de Saint-Moré, à mi-côte dans le bois, pour les conduire à une villa sans doute située au pied de la colline. C'est un canal à section carrée de 25 centimètres de côté, formé d'un blocage et recouvert d'une dalle. Il suit le bord de la rivière et se montre visible sur 20 mètres, et à son extrémité, après un développement de 450 mètres.

A l'auberge du « Camp de Cora » en face l'église, on voit encore en place plusieurs sarcophages dans la cave qui tient à la voie ; on y a trouvé un fer de lance. (Musée d'Avallon). Le cimetière de l'église remonte aux Romains par ses sarcophages où plusieurs bijoux de l'époque ont été trouvés. Un autre petit cimetière plein de sarcorphages existe sur la rive droite en amont de Vailly, au Vaux Guyot ; mais aucune trouvaille n'en est sortie.

Les grottes aussi ont reçu la visite des Gallo-Romains. A Nermont, on a recueilli des monnaies, des épingles longues et une cuiller en bronze, des armes et des outils en fer, de la poterie commune, de la poterie samienne à reliefs, un petit cylindre en bois de cerf, dit gond de coffret (Musée des grottes). La grotte de la Cabane, située au bord de la Cure dans la Côte-de-Chair a fourni des clous, des fragments de poterie, deux monnaies du Bas-Empire. Au lieu dit, les Renaudons, sur le bord de la route d'Arcy à Lac-Sauvin, il y a les vestiges d'une villa qui a fourni un autel domestique, sorte de colonne carrée ayant une base moulurée et le sommet plat et garni de deux rebords (Musée d'Arcy).

A quelle époque le Cora militaire fut-il ruiné ? Son sort dut se décider lors de la grande invasion des Barbares en 406, ce qui indiquerait une monnaie d'or de l'empereur Honorius (395 à 423), dans les ruines de la villa d'Arcy. Les Sarmates, chargés de la défense de la vallée, construisirent à la hâte un fort d'arrêt sur la butte, sans toutefois l'occuper habituellement. Un combat s'y engagea puisqu'on a trouvé des monnaies au pied du retranchement et des pointes de flèche en fer, dont l'une était fixée dans le mur. (Voir la figure). Une si faible défense devait être emportée dès le premier jour par une armée de Barbares.

C'est à cette époque des grandes invasions que, selon toute probabilité, se placerait le martyre de l'enfant nommé *Moderatus*, Modéré, devenu Moré qui a donné son nom au village de Cora. Le changement de nom est constaté en 1080, mais le petit martyr est mentionné dès 859. C'est le moine Héric, le célèbre maître des écoles de l'abbaye de Saint-Germain d'Auxerre qui, rendant compte de la translation des reliques dans les cryptes que Conrad, oncle de l'empereur Charles-le-Chauve avait fait élever sur le tombeau de Saint-Germain, nous parle du martyr. Là, écrit-il, repose le corps de Saint Modéré, enfant autrefois couronné martyr. « De l'enfant du nom de Modéré, une chose seulement est avérée, c'est qu'il fut un enfant couronné du martyre qui reposa longtemps dans sa propre basilique. Puis les miracles éclatant sur son sépulcre, il se fit une translation de son corps dans l'église de Saint-Germain, pourqu'on l'honorât plus dignement par la solennité des offices et la richesse du luminaire. » (Voir Saint-Moré martyr, Bull. Avallon 1904).

ÉPOQUE BARBARE

Cette époque a vu le passage des Vandales, dévastant tout à plaisir, et l'installation des barbares Burgondes (Bourguigon) et Francs au milieu de la population gallo-romaine. On lui donne encore le nom de Mérovingienne, rappelant Mérovée, un chef des Francs ou de carolingienne rappelant Charlemagne. On place ces temps de 500 à 1000 où commence la féodalité.

Le passage des Barbares avait ravagé et dépeuplé les vallées que traversait la voie romaine. Mais le calme revenu, les anciens centres de population se formèrent vite. On en trouve les preuves dans les champs de sépultures de Vaux-Donjon, de Voutenay, d'Arcy. L'antique village de Cora qui gardait toujours sa voie, son pont, son camp, dut, comme à l'époque romaine avoir son poste de soldats burgondes. Ce fait est attesté par plusieurs découvertes. Entre la villa Cérès et le cimetière de l'église, une douzaine de sarcophages alignés, mais tous pillés, ont fourni cependant un scramas, axe ou sabre tranchant d'un côté. Le cimetière lui-même, possède des sépultures où l'on a trouvé des perles en verre et de faux ambre qui dénotent cette époque.

Dans la grotte de Nermont on a recueilli un peigne, un couteau, une boucle en fer assez semblables au mobilier mérovingien. Les cimetières à sarcophages de la route nationale, de la côte de Nailly, du bord de la voie, peuvent être en grande partie de la même époque. Il faut noter une petite monnaie en argent remontant à Pépin-le-Bref (VIIIe siècle), trouvée au camp de Cora, ce qui fait dire à certains archéologues, que ce camp est des temps barbares, alors qu'il a pu seulement servir de défense à l'invasion des Sarrazins vers 725, et des Normands vers 887. (Voir la médaille déterminée au Cabinet des Médailles à Paris).

C'est à l'époque carolingienne que furent enlevées les reliques de Saint-Moré qui étaient depuis longtemps dans une église. Le village existait donc bien avant cette translation du corps saint. Mais le départ de l'enfant martyr, objet de pèlerinage, la formation d'une paroisse à Arcy, allaient amener la déchéance de Saint-Moré.

ÉPOQUE DU MOYEN-AGE

En histoire, c'est l'époque de la féodalité, c'est-à-dire des seigneuries qui ont accaparé les pouvoirs du roi alors impuissant à défendre le peuple. En archéologie, c'est l'époque des châteaux-forts, des cathédrales et des églises, c'est-à-dire des grands édifices. Saint-Moré est devenu simplement une terre que les seigneurs voisins vont se partager et qui va passer en grande partie aux monastères par des donations.

Cette terre devait à l'origine faire partie de la seigneurie d'Arcy qui s'étendait jusqu'à Avallon. Mais des alliances amenèrent les seigneurs voisins à Saint-Moré, et nous les connaissons par leurs libéralités. Yvon, chevalier d'Avallon et sa femme Adélaïde, du consentement de leurs sept fils, donnent en 1084 à l'abbaye de Molême, l'église de Saint-Moré avec tous ses biens. Par cette donation, l'ancien Cora devenu paroisse est dit pour la première fois « Saint-Moré ». Il devient ainsi un prieuré administré par les religieux. Puis viennent les donations, en 1084, du sire Guy de Montréal, de ses biens de Saint-Moré, d'Eldred de Vézelay qui donne l'église de Nailly, citée pour la première fois au XIIe siècle (Nailly viendrait de *Nataliacum* domaine d'un gallo-romain du nom de *Natalius*).

Il faut encore citer la donation de Landiscus qui abandonne un pré et une terre situés entre l'église et la rivière, ce qui forme le clos du château. Puis ce sont les seigneurs d'Arcy. En 1258, Jean d'Arcy donne au monastère de Reigny 20 sous de rente sur la rivière de Saint-Moré ; Odenin, écuyer du sire d'Arcy à Saint-Moré qui confirme à Reigny la donation de ses devanciers ; Geoffroy Potois, relevant du sire de Noyers, donne quelques biens ; Guillaume Cempuis d'Arcy, qui donne à Reigny l'usage de la côte de Saint-Moré.

L'édifice le plus ancien du moyen-âge se trouve à Nailly dans, une maison particulière située à mi-côte, sur le chemin de Précy. C'est l'ancienne chapelle, appelée église au XIIe siècle et dont les fenêtres en plein-cintre, aujourd'hui bouchées, indique l'époque. Au bas de la chapelle, dans la pente, est un petit cimetière à sarcophages, sans doute du même temps. La guerre de Cent-Ans avait ruiné la chapelle, mais son chapelain la répara et y établit une confrérie de Saint-Moré ; au XVIIIe siècle, on l'appelait chapelle de Saint-Meu, et ce saint avait son tableau à l'autel de l'église de Saint-Moré.

Une construction qui pourrait remonter au XIIIe siècle et qui était probablement la demeure des écuyers relevant d'Arcy : Odenin, Jean et Perrin, forme un monceau de ruines au pied de la Côte-de-la-Dame, qui porte le camp romain. Un champ de 25 ares conserve un puits et des pierres de taille, et on y trouve des monnaies à fleurs de lys.

Un dénombrement de 1323, donné par Guillaume d'Arcy à Guiot de Digogne, le chef de la maison d'Arcy, marque la transmission de la seigneurerie de Saint-Moré appartenant alors à Molême, à l'abbaye de Vézelay, mais Molême garde le droit de présentation du curé. On trouve désigné « l'ouche de l'Orme » nom conservé dans le Champ-de-l'Orme, situé à côté de l'église, et où se tenaient les séances de justice.

A la guerre de Cent-Ans, Saint-Moré relève du château-fort de Voutenay qu'ont acheté les moines de Vézelay. Le village avait cependant son château entre l'église et la rivière, dont parle un inventaire de Vézélay de 1463. Le châtelain était peut-être Hugues de Saint-Aubin qui avait des terres à Saint-Moré et prenait induement le titre de seigneur de ce village.

La guerre passée, deux édifices importants pour une campagne s'élevèrent en même temps. Ce fut l'église d'abord, remplaçant une construction du XIIe siècle, sans doute. On peut y voir l'œuvre de la famille d'Aulnay, du château d'Arcy, qui était riche. Edmée d'Aulnay, dame de Lac-Sauvin et de Cussy, avait d'ailleurs sa résidence à Saint-Moré.

L'église forme un plan rectangulaire à une nef, du style ogival, du XVIe siècle. Elle mesure 28 mètres sur 6,65 avec une hauteur de voûte de 8 mètres. Sa voûte est en pierre sur nervures, retombant sur des demi-colonnes engagées dans le mur. Elle a des fenêtres flamboyantes à meneau ; son chevet est droit et percé d'une fenêtre ogivale. A l'entrée s'élève une tour carrée moderne, d'ordre toscan, avec un petit clocher. L'église est décorée de plusieurs grands tableaux récents. Une peinture représente l'enfant saint Moré à genoux devant son bourreau ; en face sont un Christ en croix et une sainte Geneviève. Autrefois, au XVIIIe siècle, il y avait trois tableaux au-dessus de l'autel : saint Moré debout, vêtu de la tunique et de chaque côté un saint Meu provenant de la chapelle de Nailly et un saint ermite, qu'on appelait aussi saint Moré. Plus anciennement on y voyait un tableau de saint Martin. D'après Lebeuf et des titres perdus, il existait une autre église dédiée à « Sainte-Marie ».

Le château actuel, également du XVIe siècle, mais un peu moins ancien, pourrait être l'œuvre de la famille des de Veilhan, qui un moment éclipse les d'Aulnay et occupe le château principal d'Arcy (1598). Le premier arrivé, Antoine de Veilhan, se marie avec Madeleine d'Aulnay et se dit seigneur de Saint-Moré. Un descendant achète le domaine d'Edmée d'Aulnay qui avait sa résidence à Saint-Moré. Le château, quelque peu modernisé, comprends un corps de logis dont la façade est flanquée de deux tours rondes à meurtrières. Elle se prolonge en arrière par deux ailes de même longueur, et terminées par deux tours que rien ne relie l'une à l'autre. Le tout, sauf le terre-plein de derrière, est entouré d'un fossé plein d'eau.

De la même époque, on ne peut citer qu'une maison aujourd'hui en ruines qui se trouve à l'ouest de l'église au bord des champs. La façade était percée de deux fenêtres qu'encadrait une grande moulure en accolade dont le milieu était gravé d'une croix. Elle avait son intérêt parceque c'était la maison d'un villageois.

ÉPOQUE MODERNE

Le domaine de Saint-Moré passa des d'Aulnay aux Destutt d'Assay, seigneurs d'Arcy. En 1728, le châtelain est de Darbe, comte de Busseaux, puis c'est un Gaillard, de Vermenton et enfin les Lefebvre, de Vermenton, qui prennent le nom de Nailly vers 1780 ; le dernier membre de cette famille de militaires, est Louis de Nailly, colonel d'artillerie, blessé à Sedan et mort en 1916.

Une maison, dite la Chambre des dîmes, peut-être du XVIIe siècle, représente cette époque ; elle est sur le chemin de l'Abreuvoir ; le cadre de ses fenêtres est orné de moulures. A Lac-Sauvin, une maison bourgeoise portant à l'entrée la date de 1774, aurait remplacé la maison seigneuriale des demoiselles de Veilhan où la dernière mourut en 1708. Le groupe de maisons de Lac-Sauvin occupant l'est de la route, porte le nom de la Jarrie, vieux mot qui veut dire mauvaise friche. Autrefois il était du domaine d'Arcy, et la maison seigneuriale se trouvait au bord de son bois.

Des noms de lieux-dits rappellent cette époque ; un groupe de maisons se nomme la Vernoce, nom qui viendrait des du Verne, qui avaient des biens à Saint-Moré. Le bois de Vosbile, serait de Vaux Sebile ou Sybile, nom du moyen-âge. La plaine de Mimolène pourrait être de Mi-Molème, c'est-à-dire possédée en partie par le monastère de Molème. Les champs de l'Hogane rappellent le curé Hogan qui légua en 1720, à l'église, une pièce de vigne. Les champs De la Cour, sont un souvenir du bourgeois de Vermenton, Delacour, c'est là où sont les ruines de la maison des écuyers.

L'instruction paraît tardive à Saint-Moré, il y a seulement en 1687 quelques bonnes signatures, des officiers de justice ; les grosses signatures de paysans se montrent en 1702 et un maître d'école est signalé en 1742. Il existait une carrière en face le pont et des fours à chaux route de Précy ; le moulin est arrêté epuis peu de temps. Deux plantes très rares se trouvent au sud du camp ; le liseron de Biscaye et la stype plumeuse ; l'hyssope est commune à la Côte-de-Chair et les truffes étaient autrefois l'objet de recherches.

Les petits monuments religieux des champs, les croix de pierre, devaient avoir avant la Révolution des formes variées et rappeler des souvenirs. Elles sont toutes récentes et d'un type commun. Il y a la croix, dite de Saint-Moré, sur l'ancien chemin d'Arcy, marquant le sentier du bois qui conduit à la fontaine ; la croix de l'Ardilly à la montée du camp ; la croix située sur la voie à l'embranchement du chemin de la rivière et du camp, et qui donne son nom au groupe de maisons de son voisinage ; la croix toute nouvelle de Nailly, à l'entrée de la route de Précy ; Il faut ajouter une statue de la Saint-Vierge qui couronne d'une façon pittoresque la butte de roches située en face le pont ; elle est due au curé-chanoine Bouchot qui décora l'église de plusieurs tableaux.

Note. — Une histoire du village de Saint-Moré aussi complète que possible, sera publiée par la Société d'Etudes, dans le Bulletin de 1923.

VOUTENAY

TEMPS GÉOLOGIQUES

Le territoire de la commune de Voutenay, s'étendant sur les deux rives de la Cure, cote une altitude de 120 mètres dans la vallée et de 232 mètres sur le plateau. Il est constitué entièrement par le calcaire, dit bathonien, du terrain jurassique, de la formation secondaire. Son sol, fournit du moëllon à bâtir et, dans une carrière aujourd'hui inactive de la route de Lucy-le-Bois, de la pierre de taille très employée autrefois aux ponts du chemin de fer. Des fours temporaires, installés vers le pont et du côté de Sermizelles, cuisaient de la chaux sur le sol ; on trouve des pierres roulantes de grès ferrugineux dont les couches s'intercalent dans les sables de la Puisaie.

Un terrain géologique plus récent de formation, et qui couvrait toute la contrée, jusqu'au Morvan, a laissé des traces à Voutenay. Ce dépôt, dit tertiaire éocène, se compose de sable argileux blanc, jaune, roux qui remplit des fentes à la Roche-au-Larron ou qui, sous formes de blocs de grès, se montre sur les pentes comme au Fay. Il était riche en minerai de fer, et il en a laissé des rognons dans la plaine des Saumons. C'est lui qui a dû fournir aux petites forges de la région, à Girolles, Précy-le-Sec et Voutenay. On a aussi cherché dans les argiles colorées de ce dépôt, l'ocre jaune qui existait en petite quantité dans les grottes de Saint-Moré. En 1886, on fit des fouilles aux Saumons, et dans une fosse du sol rocheux on trouva un nid d'ocre de mauvaise qualité. L'industriel avait, sans attendre les résultats, commencé l'installation de l'usine, et il dut tout abandonner ainsi qu'en témoignent les ruines des constructions.

Le territoire est traversé dans son milieu sur 400 mètres par la Cure (le *Cora* des Romains) qui reçoit en aval le ru de Vau-de-Bouche ou du Moulin (Bouche ou bouchat équivaut à boisson). La rivière a plusieurs gués, autrefois lieux de passage : le gué fleuri vers le débouché du ru, le gué de la cour, tout en amont, le gué du pont. Dans le vallon encaissé du Vau-de-Bouche, sort à 600 mètres de la Cure, une source abondante appellée la Grand'Fontaine. Ces eaux paraissent provenir du plateau boisé du Champ-du-Feu, du ruisseau qui se perd à la sortie de Lucy-le-Bois, et aussi en partie de la Cure elle-même, qui a des fuites à Gué-Pavé, ainsi que des expériences l'on fait connaître.

Il existe dans le sous-sol rocheux des excavations variées, ce sont les grottes dites, Roche-au-Larron et le Repaire, puis ce sont des cuvettes ou crots, dont l'un porte le nom d'abîme. En Saumon il y a une cuvette large et peu profonde, en Brulis, un crot peu large et profond ; à la Chaume-Carrée, un crot large et profond. Ce sont encore des canaux souterrains qui drainent l'eau de la plaine. C'est ainsi que dans le vallon de Vauroux, qui va du Gué-Fleuri aux Saumons, il sort dans les hivers humides un ruisseau qui inonde le chemin.

ÉPOQUE PRÉHISTORIQUE

Voutenay, qui est tout voisin des stationnements de Saint-Moré et d'Arcy, devait posséder des documents sur l'époque primitive, et de fait, on y trouve le passage de l'homme quaternaire dans deux grottes.

La grotte dite la *Roche-au-Larron* est située à un kilomètre du bourg, dans la vallée du Vaux-de-Bouche. C'est une simple crevasse excavée dans les escarpements de la côte, accessible sur 30 mètres de longueur, quoiqu'on prétende qu'elle aille jusque sous l'église. Elle mesure seulement 1 à 3 mètres de largeur. Le remplissage est d'argile sableuse, grise ou jaune qui atteignait 1 mètre 50 de hauteur à l'entrée. J'y ai trouvé les débris en petite quantité des animaux de l'époque quaternaire, ours, renne, cheval, aurochs ; mais tout le mobilier se réduit à une lame de silex. La grotte étant tournée au nord-ouest, étroite, humide, ne pouvait servir d'abri. Tout à la fin de l'époque préhistorique, à l'âge des métaux, j'ai recueilli dans la couche supérieure, en place, un anneau de bronze et les débris d'une vingtaine de vases. Un collectionneur de Voutenay, M. Charlot, avait trouvé un beau bois de renne, une perle en os plate, et deux vases presque entiers.

La grotte de la roche creuse, que j'ai appelée le *Repaire de Voutenay* est située dans la côte du Vieux-Château, qui porte les bois communaux du Tarte. Elle s'enfonce dans une roche isolée en forme de puits sur 7 mètres de profondeur. Dans un remplissage de pierraille et de terre, se trouvaient trois niveaux d'époques différentes. Au fond du puits se terminant en entonnoir, il y avait un petit repaire d'ours des cavernes, où toutes les parties de l'animal se trouvaient réunies ; et l'ours était associé au lynx, au cheval, à l'aurochs, au renne, à la marmotte. Il y avait même deux griffes d'aigle (déterminées au Muséum) ce qui est un cas unique pour nos grottes.

Le mobilier de cette couche inférieure comprenait des galets, des éclats de calcaire siliceux, dit forune, taillés selon la forme, dite moustérienne, ce qui dénote la présence du plus ancien occupant des grottes de la Cure. Dans la partie moyenne on a recueilli quelques lames de silex et un poinçon en os, objets qu'on doit rapporter à l'homme, dit magdalénien, qui était un artiste graveur, sculpteur sur os et même peintre. La couche supérieure contenait dans son argile une griffe d'ours percée, de l'ours actuel, et des débris de poterie appartenant à huit vases de la sorte commune. L'un d'eux, espèce de jarre, de 30 centimètres de diamètre, portait quatre mamelons percés pour le passage de la ficelle de suspension. Ces débris sont ceux de l'homme néolithique, précurseur des Gaulois, et qui menait la vie agricole et pastorale.

Il faut citer l'arme ou l'outil en silex le plus ancien et qui est très rare dans les grottes. C'est une pièce en forme d'amande de 10 centimètres environ, taillée sur les deux faces et tranchante sur les bords. On l'appelle la hache de Saint-Acheul. Un spécimen a été trouvé au-dessus du Vieux-Château. De l'époque plus récente on a plusieurs objets : deux ou trois hachettes polies, l'une en jadéite peut-être. On a surtout des pointes de flèches, une demi-douzaine, avec pédoncule ou barbelures, losangées, ou à base concave. Ajoutons une pierre de porphyre polie, triangulaire avec cupule sur les faces, un aiguisoir en schiste percé au sommet.

A la dernière époque des temps préhistoriques se rattache un petit monument qui s'appelle dans le pays la *Grosse Borne*. Par ses dimensions et sa situation dans le voisinage des grottes, elle paraît bien être une pierre de souvenir ou de culte, c'est-à-dire un menhir (mot breton, pierre debout), comme on en voit tant dans la Bretagne. Ce monolithe calcaire se dresse au bas de la côte Corbey sur le vieux chemin du bois allant à Lac-Sauvin. C'est une dalle triangulaire de 2 mètres 75 de hauteur, dont 60 centimètres en terre, mesurant 1 mètre 60 de largeur et 25 à 50 centimètres d'épaisseur. Ce menhir n'est pas le seul dans la région, il y a la Dame-Blanche à Châtel-Gérard et celui de la Margot, du bois, sur Pisy. A côté des menhirs on devrait placer les dolmens, qui sont des sépultures placées dans une sorte de caisse formée de grandes pierres debout que recouvre une autre dalle. Ce qu'on appelle la Table à Dieu, au Fay, pourrait rappeler ce genre de sépulture. (Voir le Bulletin de la Société des Sciences de l'Yonne, 1900).

ÉPOQUE CELTIQUE OU GAULOISE

Les Celtes que les Romains ont appelés Gaulois, nom sous lequel nous les connaissons le mieux, relient la préhistoire, âge de la pierre à l'histoire, âge des métaux. Des sépultures presque seules nous font connaître ces peuples qui, chez nous, sont mentionnés dans l'histoire, trois ou quatre cents ans seulement avant Jésus-Christ. Les monceaux réguliers de pierres, dits meurgers, appelés tumulus par les archéologues, contiennent souvent les corps et une partie du mobilier de parure de nos ancêtres.

On peut croire qu'il y avait un stationnement de cette époque au bord de la rivière, à la place du Vieux-Château. On y a trouvé des pointes de flèche en bronze des plus anciens occupants de l'époque, qu'on peut appeler celtique, pour la distinguer de l'époque gauloise plus récente (Deschelette). Alors le bronze se mêle à la pierre, comme au camp de Cora, puis reste seul employé. Une belle hache en bronze, à talon, trouvé dans le sable de rivière, fait partie de l'outillage celtique. (Voir la planche. Collection de flèches en silex, en bronze, en fer de la collection abbé Poulaine.)

Les tumulus, plus souvent de grosseur moyenne, sont assez nombreux dans les bois de Voutenay, dans le Boulu et le Tarte ; mais peu ont été explorés parceque beaucoup sont des monuments de souvenir et non des sépultures. Ailleurs, de gros tumulus ont été fouillés, et il en sorti des colliers, des bracelets, des agrafes, des épingles en bronze, surtout, et en fer, qui accompagnaient les corps. Le musée d'Avallon en contient une belle collection qui représente plutôt l'époque récente, dite gauloise.

Les tumulus sont, comme ailleurs, encadrés par des murets dont il serait intéressant de relever le plan lors des coupes, ce qui montrerait le campement et le système de défense de ces tribus. Dans les bois du Tarte, j'ai relevé plusieurs de ces murets qui semblent former des enceintes carrées, de plus de 100 mètres de côté. Ils sont faits de pierres sèches avec parement ; mais par suite d'éboulement, ils s'étalent sur 5 mètres parfois, de largeur, et 2 mètres de hauteur. On y voit de petites places carrées entourées de murets qui seraient des vestiges d'habitations.

Le Voutenay des Gaulois était du pays des Eduens, dont la capitale s'appelait Bibracte, située au cœur du Morvan, puis s'est appelée Autun après la conquête de la Gaule. On y a trouvé comme partout, aux abords de la voie romaine, quelques monnaies gauloises des Eduens et des Lingons (Langres). Ces peuples ne connurent la monnaie que 200 ans avant Jésus-Christ et leur monnaie d'or et d'argent servit longtemps sous la domination romaine.

ÉPOQUE GALLO-ROMAINE

Dès les débuts de l'occupation romaine, peu après la défaite des Gaulois par Jules César à *Alésia* (Alise-Sainte-Reine), 52 avant Jésus-Christ, Voutenay dut avoir des établissements de la nouvelle civilisation. Les tumulus se changèrent en tombes ou sarcophages en pierre, les vieux chemins en voies solidement construites, les cabanes en villas. Ce qui accéléra le changement, ce fut le passage de la grande voie d'Agrippa, reliant Lyon à Boulogne-sur-Mer, par Autun, Avallon, Auxerre et Troyes.

Cette voie, quittant Sermizelles pour atteindre le territoire de Voutenay, s'est laissé voir au lieu dit, le Poirras et le Champ-de-la-Pierre. Puis, « elle gravit, souterraine, le versant occidental du monticule où s'élève l'église. Au sommet, elle serre de près le côté gauche de la route et décrit avec elle une courbe prononcée. »

Elle rencontre à cet endroit une construction romaine dont la route a détruit la plus grande partie. Découverte en 1848 et fouillée par M. Baudoin, architecte à Avallon, elle lui a fourni un cippe ou colonne votive, peut être autel domestique, de forme octogonale déposé au musée d'Auxerre. On y lit une inscription latine qui s'interprète ainsi : « *Amicus Celsus Ambioris,* en exécution d'un vœu, à élevé cet autel en l'honneur de « l'auguste Dieu Mercure dont il a éprouvé la protection. » Plusieurs monnaies d'empereurs accompagnaient cette découverte, celles de Trajan, Marc-Aurèle, Faustine mère (90 à 180, voir la planche ; maison et autel, photo).

« De là, laissant la route à droite, la voie se dirige sur Voutenay en suivant un ancien chemin dit, du Haut-de-Voutenay, qu'elle quitte ensuite, en partie visible, en se tenant à cent mètres de l'église, pour traverser les chenevières où une fouille l'a fait apparaître. Elle a 4 mètres 25 de largeur, 1 mètre 95 d'épaisseur, comprenant une fondation de 20 centimètres de pierres debout, un blocage de pierres et de terre blanche. Elle est enterrée sous une couche d'alluvions de 1 mètre 07, de façon que de la surface du sol actuel au niveau du dessous de la chaussée, la hauteur est aujourd'hui de 2 mètres 26. » C'est une preuve du remblaiement opéré par les éboulis des côtes.

« De ce point intéressant, la voie vient sortir sur la route actuelle en face la rue du Pont, puis elle prend la direction de cette route. » Elle entre alors sur le territoire de Saint-Moré, traversant avec une assez forte levée, la plaine Mimolène pour gagner le pont de la rivière ; mais avant de franchir la limite, elle se montre avec ses pierres debout dans le talus élevé de la route. On peut marquer, d'après le point de repère de Prégilbert où fut trouvé en place une borne milliaire, les endroits où étaient placées ces bornes romaines distantes de 1482 mètres. Il y en avait une à 150 mètres du finage, côté de Sermizelles, et une autre à 100 mètres avant la rue du Pont.

Tout devait contribuer à l'établissement d'un village gallo-romain à la place qu'occupe Voutenay : la grande voie, la Cure, le ruisseau, les stationnements gaulois. Son nom ancien en serait une preuve, car *Vultumniacus* de 864, qui paraît être le nom primitif, prouve l'existence d'un nom de famille (gentilice), *Vultumnius* et par suite celle d'un nom d'homme *Vultumnus* qui serait le premier gaulois romanisé, fondateur d'une villa, c'est-à-dire d'un groupement composé de la famille du maître et d'une troupe d'esclaves. (Berthoud et Matruchot, maître de conférences de l'Ecole normale supérieure. Bulletin de Semur 1902, 1903).

Des traces de l'occupation romaine, qui dura 500 ans, se rencontrent assez nombrenses au territoire de Voutenay. Sur l'emplacement même du château, la découverte lors de la restauration, de tuiles à rebords et d'une meule à bras qui caractérisent l'industrie romaine, sont les indices sûrs d'une villa. Tout à côté du bois Pichon, à l'ouest, au bord de la route, dans le climat des Chaumes Carrées, il y a des débris de tuiles à rebords et de la poterie qui annoncent une autre villa. Un troisième emplacement se voit au bout du chemin de Vauroux, près du Grand-Saumon ; dans une chaume près du bois, des débris de tuileaux forment deux buttes, mais le sol herbu empêche de connaître l'étendue de cette villa. Sur la rive droite, entre la Grand'Fontaine et la Roche-au-Larron, dans un endroit aujourd'hui boisé, la terre est couverte de tuiles à rebords. Ce serait la trace de quatre villas que l'on constaterait à Voutenay.

Mieux encore, au climat de la Maison de la Faye, lieu dit les Terres-Noires, dans l'angle formé par la route de Blannay et l'ancien chemin, on voit l'emplacement de deux petites fonderies et forges indiqué par la couleur noire de la terre et les scories de fourneau mêlées aux tuiles à rebords. M. l'abbé Poulaine qui a fait des fouilles, annonce dans le Bulletin du Comité du Ministère, 1900, des clés, chaînes, pointes de lance, fibule (agrafe) ornée d'une figure de cavalier en relief, un médaillon en bronze avec scène du sacrifice d'Abraham, vase creusé dans la pierre, moulin en granit, pointes de flèches et haches polies, monnaies gauloises et romaines. » Ces trouvailles, si elles ont été faites au même endroit, se rapporteraient à trois époques différentes : préhistorique, gallo-romaine, mérovingienne. Ces petites fonderies, comme on en trouve à Précy, à Girolles, à Blannay, employaient la mine de fer dite limonite qui est disséminée en rognons dans les argiles tertiaires de la surface.

Les grottes de Voutenay, comme toutes les autres, ont fourni des vestiges de l'époque romaine. A la grotte du Repaire, à l'entrée et à un mètre de profondeur il y avait les débris de quatre vases communs de la fabrication romaine. Des fureteurs venus après les fouilles y ont découvert un pot contenant des monnaies. La grotte du Larron a fourni les mêmes témoins : des tuiles à rebords, des poteries nombreuses en morceaux, des monnaies de Trajan, Faustine mère et Posthume.

ÉPOQUE MÉROVINGIENNE

Cette époque est celle des Barbares dans leurs invasions qui commencèrent en 406. Les uns, comme les Vandales, furent des dévastateurs, les autres, comme les Francs et les Burgondes (Bourguignons) furent des colonisateurs. L'époque barbare s'appelle encore burgonde dans l'est et aussi l'époque mérovingienne, de Mérovée premier chef des Francs, qui deviendra l'époque carolingienne, du nom de Charlemagne (*Carolus*). Ces peuples avaient une industrie avancée que nous font connaître leurs sépultures établies dans des fosses comme les nôtres et plus rarement dans des cercueils de pierre (sarcophages).

Les cimetières burgondes se trouvent tout le long de la vallée à Arcy, à Saint-Moré, à Voutenay et surtout près d'Asquins, à Vaux-Donjon où plus de 500 sépultures ont été explorées. On pourra voir aux musées d'Auxerre et d'Avallon, le curieux mobilier d'armes et d'objets de toilette qui a été recueilli dans ces sépultures. C'est à M. l'abbé Poulaine que l'on doit la découverte d'un cimetière qui nous reporte à l'époque des enfants de Clovis.

Ce cimetière, en partie seulement fouillé, est situé sur le tertre de l'église, à côté du cimetière et entre la voie romaine bien apparente et la route. Une note adressée au Comité du Ministère signale dans le Bulletin de 1906, la découverte de 21 sépultures. Il s'y trouvait le mobilier ordinaire, celui même de Vaux-Donjon, moins riche cependant. Ce sont des scramasaxes (sabres), couteaux, lances, flèches, plaques de ceinturon en bronze, bagues, grandes épingles, fibules (agrafes), boucles d'oreille, pince à épiler, également en bronze, des vases en terre et en verre, des colliers en verroterie ou en pâte céramique. Il y aurait des sépultures de la même époque à la Grand Fontaine, mais elles restent sans description. Cette découverte prouve bien, ce que l'on soupçonnait d'ailleurs, qu'un village burgonde avait succédé au village gallo-romain.. Mais faut-il croire que deux sépultures gauloises reconnaissables à des bracelets à « bossages et godrons » étaient placées sous les autres ?

A ces temps, se rattache un objet rare, un *triens* mérovingien en or (tiers de sou d'or), trouvé par une femme en 1877, au pied de la muraille du Vieux-Château. Il représente une figure avec le bandeau et grénetis formant collier, fleur allongée devant la figure ; au revers : vase à deux anses, est la légende *Telafius mon*, indiquant le monétaire qui l'a frappée. Ce monétaire est connu, il habitait le Gévaudan, région des environs de Mende. C'est une pièce du VIIe siècle, du temps de Dagobert.

C'est à la fin de cette époque, en 721, que Voutenay paraît dans l'histoire sous le nom de *Valdonacum* ; il est mentionné dans la donation que fait l'abbé Waré, de Flavigny, au monastère de Saint-Fregect, de cette ville. Mais ce nom subit, dans le cours des siècles, plusieurs changements ; en 864 et 1151, il est dit *Vultumniacus*, en 1196, *Ultenacum*, en 1201, *Votenecum*, en 1300, *Voutenayum*, en 1426, Votenay, en 1668, Voustenay. Dans la donation de l'abbé Waré, il s'agit seulement des « petites coutures » cultures de Voutenay et des « colonies » groupe de colons du lieu.

ÉPOQUE DU MOYEN-AGE

Cette longue époque qui va de Charlemagne, vers 800, à François Ier, vers 1500 ; voit d'abord l'abbaye de Saint-Germain-d'Auxerre entrer en possession de différents biens que lui a donné sans doute le roi, car le dénombrement de ces biens figure dans un acte de 866, sous Charles-le-Chauve. C'est sans doute à cette époque, lors de l'invasion des Normands, que s'élevèrent les premières défenses dont il est parlé en 1147, et qui occupèrent la place du Vieux-Château. La forteresse est représentée ainsi qu'une « motte de terre entourée de fossés et garnie d'une palissade » que domine une tour probablement en bois selon le mode de construction du temps. Le seul seigneur qui soit connu est un Lambert de Voutenay, cité comme témoin du seigneur Jocelin d'Arcy en 1147.

C'était alors le mouvement des croisades, et la terre du château fut abandonnée aux Hospitaliers de Saint-Jean de Jérusalem, connus plus tard sous le nom de Chevaliers de Malte. Ils devaient quitter ce poste pour venir fonder une commanderie à Pontaubert, qui leur doit sa belle église. On pense que ce fut pendant leur résidence que fut établi l'étang du Vau-de-Bouche dont on voit la digue à 500 mètres de la route nationale. Ce barrage bien utile pour régulariser les eaux parfois envahissantes du ruisseau, n'a rien laissé dans les archives. Le cadastre seul, en garde le souvenir dans le sentier dit « Sous les Champs de l'Etang. » On place ici la fondation d'une lèproserie qui aurait laissé des vestiges au nord-ouest.

Les Hospitaliers, moyennant un échange, abandonnèrent les prés où se trouvait la motte défensive, au comte de Nevers et d'Auxerre qui fit bâtir un château fort pour tenir en respect et inquiéter l'abbaye de Vézelay. Le comte, en 1205, déclare tenir sa forteresse du duc de Bourgogne, et en 1210, il dit la tenir du roi. Cette forteresse comprenait une enceinte avec fossés, des tours et un donjon auprès desquels étaient placés un étang et un moulin ; il ne reste rien de cet ancien état de choses. A cette époque, la terre de Voutenay appartenait aux deux abbayes de Saint-Germain d'Auxerre et de la Madeleine de Vézelay, mais plus tard c'est Vézelay qui devient seul seigneur. De même, le château fort du comte de Nevers passe à des chevaliers qui reprennent, comme les premiers, le nom du village. C'est ainsi qu'on voit, en 1358, un Jean de Voutenay paraître dans une revue avec d'autres seigneurs du voisinage. C'est en ces temps, aux approches de la guerre de Cent-Ans, que furent construits les ponts sur la Cure et sur le Vau-de-Bouche, qui sont indiqués en 1380.

Le château-fort du xve siècle, témoin de la guerre des Anglais, ne devait pas différer beaucoup de celui du comte de Nevers, étant donné la place restreinte qu'il occupait entre la côte et la rivière. Tel que l'ont fait connaître les travaux de restauration, il comprenait un donjon carré de 7 mètres 50 de côté à quatre étages, à partir de la salle souterraine, avec une chapelle à fenêtre ogivale au premier étage. Deux corps de bâtiments s'appuyant à ce donjon, aboutissaient à l'ouest à une tour carrée en saillie. Au sud-est, une construction de près de 15 mètres formait un prolongement, et une poterne s'ouvrait entre les deux parties. Au nord, le mur d'enceinte était flanqué de tours rondes, il avait la forme octogonale et gardait encore, en 1860 ses larges fossés bordés d'un grand remblai.

Ce château fut pris quatre fois : en 1427 par le maréchal de Bourgogne et le sire de Chastellux, en 1430, par le chef de bandes Jacques d'Expailly, en 1473 par les troupes de Charles VII, et en 1568 par le roi de Navarre à la tête des Allemands et des Suisses. L'abbaye de Vézelay s'en trouvait propriétaire à la Révolution, et le château resté sans maître, commença à se ruiner. Vers 1850, il n'y avait plus que le donjon découronné, des pans de murs des bâtiments, quelques tours à moitié tombées soutenant des restes de courtines. Victor Petit a figuré ces ruines et le plan du château dans son livre : Les villes et campagnes. C'était un des rares châteaux à l'état de ruine, car les autres avaient été rasés. (Voir la planche).

Un homme de goût, le docteur Raffinesque, de Paris, devenu propriétaire a rendu le donjon et ses ailes presque à leur état primitif. Dans les fouilles on a trouvé des objets de plusieurs époques : des carreaux émaillés du xiiie et xive siècles, des pointes de flèche, des épées, des lances, des éperons, des mors, étriers, serrures, clefs, et des vases avec des monnaies du xiie, xiiie, xive et xvie siècles. (Collection du château).

Le bourg de Voutenay avait son enceinte comme Précy, Sermizelles, Girolles, Blannay, mais qui ne pouvait guère servir qu'à le défendre des bandes de pillards. Elle ne daterait que du xvie siècle et fut une protection dans les guerres du protestantisme. De cette enceinte, deux tours démolies en partie, font connaître leur construction. Une seule, qui gardait la porte du côté nord et se trouve prise dans les maisons, se montre presque entière avec une meurtrière. Une autre tour séparée ne serait qu'un colombier.

L'église paroissiale de Saint-André, sans style bien caractéristique, du xve ou xvie siècle, n'a qu'une nef, de 30 mètres sur 15, est voûtée en lattis, offre des arcs doubleaux en ogives à bandeaux plats retombant sur des colonnes à demi-engagées, à tailloir simple. Le portail d'ordre toscan est récent (Quantin). Au pied de l'église, placée hors des murs, sur le sommet des roches de la côte, jaillit une fontaine dite, de Saint-André, et qui était un but de pèlerinage.

Le cœur est pavé de quelques dalles tumulaires. A l'autel s'élève un retable en bois avec un tableau du crucifiement et Madeleine au pied de la croix. A gauche, sur le mur, est une Assomption de Murillo, et à droite, une Descente de croix. Dans la nef, on voit une bonne copie de Boticelli : La Vierge aux roses, de Mme Bouet, du Portal, don de l'Etat 1897. Ajoutons une statue en bois doré de Saint-Vincent, portant une palme et un raisin pendant au sarment ; un bâton de confrérie, également en bois doré, représentant une Notre-Dame. Il y a au milieu de la nef un grand tableau d'un Saint-André, par Ducrot de Précy, peint en 1869, et en face, un Saint-Joseph de même dimension. Au petit autel de droite, adossé au mur, le devant est formé par un tableau en peinture sur bois, genre triptyque. Au milieu, est la sainte Vierge présentant le Rosaire à saint Dominique et à sainte-Thérèse, sur les côtés sont sainte Anne, avec l'enfant à gauche, et saint Hubert, à droite. On voit à l'entrée, à gauche, des traces de peintures murales. Au-dessus de la porte d'entrée est suspendu un grand Christ en bois, qui est ancien. Sur la place de l'église, au raz du sol, on voit un calvaire dont les personnages, le Christ, la Vierge et saint Jean, coulés en fonte, sont de grandeur naturelle.

ÉPOQUE MODERNE

Les croix des stations, qui ont remplacé les anciennes sont peu nombreuses. Une, s'élève au milieu du pont de quatre arches qui fut reconstruit en 1764. Une autre, qui est celle du Jubilé de 1826, se trouve à côté de la remise de la pompe. Une troisième, souvenir de la mission de 1857, se dresse sur le bord de la voie romaine, près du finage de Saint-Moré. Le pont du ruisseau est de 1790, mais les deux ponts existaient déjà en 1380 et Voutenay était devenu le passage des pèlerins du Tonnerrois allant à Vézelay, qui autrefois passait par Arcy, dont le pont était plus ancien.

La campagne de Voutenay était peu habitée, on ne peut guère citer qu'une maison près des Terres-Noires sur la lisière du bois, dont on voit des chambres en ruines avec des murs bâtis à la chaux : ne serait-ce pas la maison de la Faye, d'après le lieu-dit. On parle aussi dans les archives d'une ferme détruite appelée la Sarrée, et le climat, dit les Cours à Nacot, derrière le Boulu, pourrait indiquer une ancienne habitation. Du côté de Précy, en un endroit inconnu se dressaient les bois de justice, dit les Fourches.

Des souvenirs sont à recueillir. Au XVIe siècle la Cure portait des bâteaux et la construction s'en faisait en partie à Voutenay. On trouve dans les minutes de notaires de ce temps, un Poullain Pierre, qui en 1571, est « charpentier de bateaux à Voutenay » et qui signe son nom ainsi qu'un nommé Colas Lazare, de Voutenay, qui sait signer en 1586. Un seul document arhéologique nous reste de cette époque, c'est un puits portant sur sa margelle : « Pichon 1564. » Peut-être pourrait-on placer au temps du Protestantisme, des carreaux de faïence d'une maison représentant sur le montant de deux cheminées des scènes de la Bible avec légende. A côté du cimetière, un endroit garni de pierres debout rappelle les sépultures de la grande peste de 1637.

En 1696, la statistique de Vauban mentionne 503 moutons. La tour de l'Horloge est de 1829 et le lavoir de 1827. Le moulin est devenu une scierie ; le moulinot, autrefois un foulon, ne marche plus. Il y avait en 1744 un chirurgien nommé Coppin. Avant la Révolution, les maisons avaient leurs toits couverts en chaume et quelques-unes seulement en laves. Des meules de paille s'élevaient d'ordinaire à proximité des maisons ; aussi les incendies étaient fréquents, ce qui faisait appeler les habitants par leurs voisins : « Les brûlés de Voutenay ». La grande route d'abord, puis le chemin de fer ont fait de Voutenay un village agréable, recherché des villégiateurs et fréquentée par les tourites qui vont visiter le petit musée archéologique de l'abbé Poulaine. Des collections préhistoriques, sorties des grottes d'Arcy et de Saint-Moré lui avaient permis de faire des échanges et d'y joindre les spécimens de plusieurs époques (1).

On y voit entre autres un millier de petites pointes de flèches en beau silex, que l'on montrait comme provenant du pays, et qui, en réalité, viennent, à la connaissance des préhistoriens, de l'atelier de l'Ouargla en Algérie (Constantine). Cet intéressant musée de 2.000 pièces environ, mais relativement peu riche en objets de la région, aurait pu revenir au musée d'Avallon, et c'était le grand désir de l'auteur de la notice, qui avait fait des avances pour cette acquisition (2).

---

(1) Il avait confié à un ami qu'une ancienne statuette en bronze de Vénus trouvée à Saint-Moré par un enfant, et vendu fort cher à un amateur, lui avait permis de bâtir sa maison.

(2) *Auteurs consultés* : Quantin, Ernest et Victor Petit, abbé Breuillard, abbé Poulaine, Bulletins de la Société des Sciences de l'Yonne et de la Société d'Etudes d'Avallon.

LES PREMIERS HABITANTS
DE L'AVALLONNAIS

C'est la plus étonnante découverte de l'archéologie d'avoir retrouvé par delà les Gaulois, premiers occupants de notre sol, connus par l'histoire, d'autres peuplades dont personne ne soupçonnait même l'existence. Les anciennes civilisations de l'Orient dont les villes célèbres ont vu leurs ruines sortir de terre, étaient du moins décrites ou nommées dans leurs brillantes productions par des historiens. Ici au contraire, cachés dans nos grottes de la Cure, dormaient les tenants de civilisations étranges et d'une vie toute primitive. Ce sont ces lointains ancêtres qui devaient nous révéler les commencements les plus humbles de l'homme, et pour cette raison on les appelle les Préhistoriques.

De sorte que, par les archives spéciales de nos grottes, nous remontons du peuple gaulois, déjà pourvu d'une organisation avancée et d'une industrie développée, à un peuple menant une vie agricole et pastorale, mais qui se sert seulement de la pierre, quelquefois polie pour son outillage. Puis, nous remontons encore et nous trouvons des hommes, simplement chasseurs, et qui ne connaissent que le silex taillé en éclats simulant des instruments.

Mais dans l'homme des grottes, nous ne tenons pas encore le premier anneau de la chaine, les débuts sont plus loin ; seulement les cavernes ne nous disent plus rien. L'homme ne fut jamais dans nos vallées, du moins, un troglodyte, c'est-à-dire un habitant des cavernes ; c'est la première indication qu'il faut retenir. Sur une centaine de grottes que j'ai explorées, seize ont fourni des vestiges de cette époque reculée, mais dans aucune se sont rencontrés les caractères d'une habitation. La présence habituelle de l'homme se trahit toujours par une accumulation de débris autours de foyers permanents, ce qui n'est pas le cas ici. Dans nos terrains calcaires très fissurés, les grottes d'ailleurs étroites, pour l'ordinaire, laissent trop facilement passer les infiltrations pour être habitable. De plus l'effritement ou le décollement de la roche les rend dangereuses.

La vie au grand air a toujours été la vie normale de l'homme. Il n'a recherché les vallées encaissées, plus chaudes, que lors du refroidissement amené par le régime glaciaire. Les grottes ne furent jamais pour lui que des abris temporaires, et c'est ailleurs qu'il faut aller chercher les stationnements de l'homme tout à fait primitif, sur notre sol gaulois. On distingue donc l'homme des grottes et l'homme des alluvions.

Les traces de ce dernier se trouvent, en effet, dans les graviers des rivières déposés très anciennement sur les pentes des vallées à toutes les hauteurs. C'est ainsi qu'aux portes d'Avallon, les alluvions du ru d'Aillon à l'étang Minard, ont fourni une grosse hache en silex à talon et les bords tranchants, faite pour les mains les plus robustes (Musée d'Avallon). Ces haches, faites d'un caillou brut façonné en amande, par l'enlèvement d'éclats, sont très communes dans le Sénonais, pays du silex. L'homme, à son arrivée en Gaule, vivait donc alors sur les plateaux ou dans les larges vallées. Il avait pour compagnie les grandes espèces d'animaux dont plusieurs, comme l'hippopotame, appartiennent aux climats chauds et humides.

Comment pouvons-nous connaître les hommes qui fréquentaient quelquefois les grottes ? Comme nous connaissons les autres hommes disparus, par leurs œuvres. Ce ne sont pas certes, des œuvres grandioses, ces pauvres débris qu'il nous ont laissés, mais ils suffisent à nous faire pénétrer dans la vie simple du chasseur. Tous les objets que le primitif a rejetés ou égarés, en pierre et en os, se retrouvent intacts, ce qui n'a pas toujours lieu pour d'autres époques. Mais dans quelles conditions, c'est ce qu'il est utile de savoir.

Sur certains champs de bataille, où les hommes de toutes les époques sont venus se mesurer, on pourrait ramasser la pointe de flèche en silex à côté d'une balle de fusil, parceque tout est demeuré à la surface. C'est ainsi qu'à la grotte de Nermont, à Saint-Moré, sur son remplissage resté sans changement, on trouvait côte à côte une médaille d'empereur romain, et la médaille dite de Sainte-Hélène, de Napoléon, qu'un vieux brave avait perdue.

Il n'en est pas ainsi des objets recueillis dans les grottes. Le remplissage, formait quelquefois à l'entrée, une butte de terre de un à cinq mètres d'épaisseur. Elle se composait de la pierraille tombée de la voûte et des murs par l'humidité, et de l'argile descendue par les fissures avec l'eau d'infiltration. C'était un mélange, devenu par le temps, une masse très tassée et quelquefois durcie par la concrétion.

Le sol ou plancher s'est donc exhaussé de siècle en siècle, dans les grottes. Mettons, par exemple, une épaisseur moyenne d'un milimètre par an, ce sera un mètre pour mille ans, et cinq mètres feraient cinq mille ans ; c'est une simple approximation. On a des preuves que le remplissage résulte d'une action très lente, mais non démesurément longue. Voilà donc pour l'archéologue préhistorique un réservoir de documents, une chambre d'archives. Tout s'y est conservé sauf le bois, et s'y trouve régulièrement disposé par couche, comme les feuilles d'un livre. Les objets sont à la place même où le chasseur primitif les a laissés tomber. De plus, ce que nous observons dans une grotte se reproduit avec le même ordre dans dix autres. Mieux encore, ce qu'on voit aux bords de la Cure, se retrouve aussi bien aux bords de la Vézère, le grand centre des stationnements. Ce sont les archives les plus authentiques et les mieux classées.

On peut comparer le remplissage d'une grotte à une maison à plusieurs étages, dont chacun nous renseigne sur ses locataires. Nous savons de quoi ils se nourrissaient, quels étaient leurs travaux et même sous quel climat ils vivaient. De sorte que nous connaissons mieux l'homme préhistorique que nos ancêtres les Gaulois, dont les vestiges restés à la surface du sol, ont été détruits par le temps ou par les hommes. Les débris de toutes sortes, conservés dans le remplissage des grottes et qui sont différents d'une couche à l'autre, nous apprennent déjà que nous avons affaire à des époques différentes, à des industries, à des façons de vivre dissemblables. Ils marquent une évolution qui s'accomplit de bas en haut, c'est-à-dire en réalité des temps les plus anciens de l'occupation des grottes aux derniers temps.

Tout à la base du remplissage, et parfois sous cinq mètres de terres, gisaient les fragments d'os d'animaux du premier occupant. Tous ces animaux, sont des espèces sauvages et la plupart étrangères à nos pays : le lion-tigre, l'ours et l'hyène des cavernes, le rhinocéros vélu, l'éléphant laineux, dit mammouth, l'aurochs ou bison, le grand cerf, etc. La plus part même de ces espèces animales ont disparu de là terre. Ce sont des bêtes de grande taille auxquelles suffit un climat doux et humide leur procurant une abondance d'herbage. Qu'il fut très humide, ce climat, on en a la preuve dans les dépôts de sable de rivière s'étalant dans les grottes, mêmes à six mètres au-dessus des basses eaux, alors que les plus grandes crues actuelles y apportent simplement du limon à quatre mètres seulement.

On a appelé le premier occupant des grottes, le *chasseur d'ours,* parceque la grotte des Fées d'Arcy était un repaire de cet animal où l'on a constaté l'existence de 200 individus au moins, jeunes et vieux. C'est dans le voisinage de ce repaire que vivait le chasseur préhistorique, et les dents redoutables de cet animal se retrouvent dans toutes les grottes, apportées par l'homme. L'ours finit même par déménager de sa retraite, car on voit dans la suite, le repaire et les grottes voisines exclusivement fréquenté par l'homme.

Aux os du gibier presque toujours brisés, sont mêlés des éclats simples de silex, et des outils fait d'un éclat qui a été retouché en vue de lui donner une forme susceptible de couper ou de percer. Les outils de ces anciens primitifs, sont massifs, assez grossiers et peu variés de formes ; c'est la lame, la pointe triangulaire et le racloir. Mais seuls le silex et le calcaire dur du pays sont utilisés ; l'os n'a pas reçu d'emploi, et il n'y a pas trace d'objets de parure. Les petits galets de rivière, qui pouvaient servir de pierres de jet, ne manquent pas ; il y a aussi des rognons de calcaires, taillés à facettes, qui font supposer la fronde. Nous sommes là en présence du rude sauvage, que les archéologues appellent, l'homme moustérien, parcequ'il a été d'abord étudié à la grotte du Moustier (Dordogne). Il y a tout de même des outils finement taillés, mais tout dénote la plus grande simplicité de vie, car l'homme tourne son intelligence à satisfaire les premiers besoins de l'existence.

Les couches qui viennent au-dessus de cet étage inférieur nous ménagent une surprise. C'est toujours le chasseur, mais son gibier a changé avec le climat. Les grosses espèces ont disparu peu à peu, et un animal des climats froids, le renne, a pris leur place ; il finit par être abondant. Aussi, l'homme préhistorique de ces temps, est appelé le *Chasseur de renne*. On lui donne dans les livres le nom de Magdalénien, parceque la grotte de la Madeleine (Dordogne), l'a bien fait connaître. Une grotte de la Cure, le Trilobite d'Arcy, peut rivaliser avec celles du midi pour la variété des documents.

L'outillage est tout de beau silex, les instruments sont légers, finement retouchés en outils, et les types sont variés : lames, burins, grattoirs, racloirs, pointes, perçoirs forment des séries bien appareillées. L'os, l'ivoire, le bois de renne sont travaillés et deviennent des aiguilles, des lissoirs, des poinçons, des pointes de sagaies ; il y a le sifflet du chasseur. La parure a fait aussi son entrée ; on trouve des pierres colorantes noires, rouges, jaunes, apportées de loin et servant sans doute au tatouage, des coquillages ramassés au bord de la mer et percés pour le collier, des pierres étrangères, comme l'ardoise et le basalte des volcans. Le travail du silex a fait donner à ces primitifs, le nom « d'hommes de la pierre taillée. »

A côté de ces produits d'une industrie éveillée, apparaissent nombreuses les créations, parfois admirables de l'art. Dans ses loisirs, le chasseur de renne a dessiné, sur os, avec la pointe de son burin de silex, les animaux de ses chasses, étonnants de vérité. Il les a sculpté, de même. dans l'os et l'ivoire en bas-relief et en ronde-bosse. Il a gravé des figures sur les parois de ses grottes, parfois de grandeur naturelle, et il y a posé des couleurs comme un artiste peintre.

Un grand changement s'opère à la suite de ces temps qui marquent la fin de l'époque, appelée quaternaire. La modification porte sur le climat, qui après un froid sec, où disparaissent peut-être l'homme et son gibier, redevient modéré et humide. C'est l'époque où se forment les tourbières et qui se rapproche du climat actuel. Le changement porte en même temps sur les animaux qui sont presque tous les espèces de notre zône. Quant à l'homme, il est tout différent du chasseur des grottes, les races étudiées d'après les crânes, sont variées et semblent venir de contrées, où la civilisation montre en même temps, une avance et un recul.

L'outillage de cet homme nouveau est toujours de pierre et d'os, mais la pierre reçoit parfois un polissage, surtout pour les armes et outils, qu'on appelle les haches. C'est à cause de ce genre de travail qu'on donne à ces derniers préhistoriques, le nom *d'hommes de la pierre polie.* La pierre, c'est le silex du Sénonais qui devient le pic, le tranchet, le ciseau, la grattoir, le perçoir, etc., qui toutefois n'ont pas le cachet des outils du chasseur de renne. Un objet, pourtant, dénonce un travail délicat, c'est la pointe de flèche.

A côté du silex se placent les minéraux étrangers d'aspect brillant : la jadéïte, la serpentine, le callaïs, etc., qui sous des mains habiles ont formé des perles, des pendeloques, des bracelets, les objets de luxe du préhistorique. L'os et le bois de cerf ont été débités, aiguisés, polis, perferés et ce sont transformés en aiguilles, poinçons, poignards, pendeloques, etc. Un produit nouveau fait partie du mobilier, c'est la poterie simple, grossière, mais toujours ornée, et la poterie fine, luisante, décorée de moulures et de figures géométriques. On trouve alors des vases, des cuillers, des lampes, et des fusaïoles ou pesons de fuseaux propres au filage.

Les ossements recueillis nombreux dans de grands foyers, montrent un mélange d'animaux sauvages et de races domestiques, toutes semblables aux nôtres ; un petit ours, l'ours brun de Suisse, sans doute, ferait exception. Les premiers moulins nous renseignent sur le genre de vie : ce sont des pierres plates et larges de granit qui forment la meule, et des galets qui servent de molettes pour écraser. Nous sommes donc en présence de l'homme chasseur, pasteur et cultivateur. Ce sont les premiers essais de populations sédentaires, pratiquant des travaux analogues pour le fond, à ceux de nos campagnes. Mais le sentiment de l'art à complètement disparu et pour longtemps. C'est la fin des âges de la pierre, et l'introduction du métal par le commerce étranger. Il va se produire alors des changements qui seront plutôt des développements de l'industrie.

Tous ces documents sur l'homme préhistorique nous sont donnés par les grottes de la Cure, en concordance avec les grottes très riches du Midi et les cités lacustres de la Suisse. L'Avallonnais compte 47 grottes dont 20 seulement ont fourni des vestiges de l'homme, encore n'en trouve-t-on qu'une demi-douzaine qui soient quelque peu riches. Pour comprendre les descriptions de cet appendice, il faudrait litre les notices des grottes qui ont été publiées depuis 1893 dans le Bulletin de la Société des Sciences de l'Yonne. Il faudrait aussi visiter les musées, ceux d'Auxerre, d'Avallon, et surtout le grand musée des grottes à l'école Saint-Jacques de Joigny.

L'étude des archives des grottes nous fait connaître le premier occupant du sol avallonnais vivant au milieu de la forêt, sous un climat différent du nôtre, avec des animaux qui nous sont étrangers. C'est donc l'homme sauvage, c'est-à-dire l'habitant des bois (de *Sylvia*, forêt) ne demandant qu'à son gibier, des moyens d'existence. Il ne mène pas, toutefois, la vie du sauvage moderne chez qui l'abrutissement s'ajoute à la barbarie. L'état des races sauvages actuelles, est une dégradation qui a pour cause la vieillesse de la race et la misère prolongée. Le civilisé lui-même descendrait vite à leur niveau, dans certaines contrées inhospitalières.

Les sauvages primitifs, peu nombreux, et vivant dans des régions extrêmement giboyeuses, ce qu'indique la variétés des espèces, se trouvaient dans le milieu le plus favorable à l'existence et à l'apaisement des instincts grossiers. Ils ont dû atteindre le degré supérieur de leur état de vie, et l'emporter en moralité sur les barbares. En voyant, par exemple, les travaux d'art des chasseurs de renne, on pourrait dire : la belle sauvagerie ! on ne dira jamais la belle barbarie. On ne trouve d'ailleurs dans les grottes, aucun indice de l'infériorité de l'homme en face des animaux, ni de son incurie pour les restes de ses semblables, ni de ses luttes fraticides, car les ossements humains sont presque introuvables dans les grottes, toutes choses qui plaident en sa faveur. Dans le midi, on a trouvé des sépultures de l'homme préhistorique semblable aux nôtres. A la Cure, c'était un ossuaire où les ossements étaient placés avec soin dans une cavité fermée par des dalles.

Il y a donc une civilisation de l'état sauvage. A ses débuts, elle nous montre dans le chasseur d'ours, l'homme jeune, éveillé, chercheur, tout adonné à la poursuite des animaux d'espèces lourdes comme l'éléphant, d'espèces féroces comme le grand ours, d'espèces légères comme le cheval. Il a le génie de la chasse, et quoique l'approche des animaux soit facile, partout où le gibier abonde et les chasseurs clairsemés, il faut un courage et une endurance peu communes pour atteindre et terrasser tant de variétés d'animaux.

L'homme partait à la chasse avec le pieu, armé d'une pierre pointue, ou simplement durci au feu, avec la massue, la fronde, armes bien faibles contre de puissants adversaires. La découverte du sifflet, indiquerait qu'une troupe disciplinée obéissait à un chef. Tout cela se comprend, car disent les voyageurs, les sauvages modernes habitués dès l'enfance à la chasse, ont une puissance d'observation extraordinaire, une ingéniosité, une patience dont nous ne pouvons pas nous faire une idée. On peut donc appliquer à nos primitifs, ce qu'on dit des sauvages modernes : l'emploi de moyens de capture très médiocres, produisent de grands résultats grâce aux ressources de l'intelligence, aussi bien qu'aux qualités physiques de l'homme.

Dans le chasseur d'ours, nous voyons la vie humaine dans toute sa simplicité : s'abriter dans une hutte, tailler le silex, travailler le bois, se vètir et chasser, c'est le point de départ, la civilisation primitive, inférieure, spontanée. L'homme très borné dans ses besoins, doit l'ètre dans ses idées. C'est tout de même à ce degré l'ouvrier ingénieux et habile, et les rares œuvres qu'il nous a laissées, en font deviner d'autres. Toutes portent les qualités d'invention et d'exécution dont une intelligence éveillée, seule est capable.

La civilisation sauvage, comme toute civilisation a eu sa marche, qui tantôt avance, tantôt recule. Elle apparaît infime avec le chasseur d'ours, elle se développe et atteint sa perfection avec le chasseur de renne, puis elle décroît dans l'une de ses parties. Le progrès, comme le recul s'est fait ailleurs qu'aux grottes de la Cure, car on passe sans transition, et comme d'un bond, d'une industrie très inférieure à un outillage parfait et surtout à des œuvres d'art qui révèlent des maîtres. Il existe, par exemple, des centaines de gravures découvertes en France et à l'étranger. Une seule grotte, celle du Trilobite d'Arcy, a fourni son contingent, c'est sur une plaque d'ardoise, un rhinocéros, et un rameau feuillé sur un os de renne. Ce dernier motif est presque unique, car les animaux étaient les sujets préférés par l'artiste préhistorique.

« Ces richesses extraordinaires, dit un critique éminent, (Salomon Reinach) nous montrent des sauvages de génie qui développèrent dans les arts du dessin une habileté prodigieuse dont on ne trouve pas l'équivalent sur aucun point du globle, pas même en Egypte et en Chaldée. En Gaule, une fois l'âge du renne terminée, l'art n'existe plus ; il faut attendre jusqu'au XIIe siècle, jusqu'au temps de Saint-Louis pour trouver des dessinateurs rivalisant avec les chasseurs de renne. » Il est curieux de voir que le sauvage de nos grottes aura attendu des artistes qui l'égalent jusqu'aux sculpteurs de la Madeleine de Vézelay.

Ce goût de l'art et de la parure, cette perfection de l'outillage de pierre et d'os, ne va pas sans de grands loisirs, c'est-à-dire sans une vie paisible, exempte de pressants besoins. Aussi sous quelque face qu'on étudie cet homme de la forêt, on lui trouve une dignité que n'auront pas beaucoup d'autres, appelés civilisés, des siècles suivants. Grâce à son intelligence, dont les preuves sont sous nos yeux, il a affirmé sa force et son courage par sa supériorité sur tous les êtres de la création. Dans un ordre plus élevé, il a affirmé son génie industriel, par les séries de ses outils de pierre et d'os, qui sont des modèles défiant parfois l'habileté moderne. Mieux encore, il a affirmé son génie artistique en sculptant, gravant ou peignant avec une admirable vérité les animaux de son temps. Enfin cet homme a affirmé sa valeur morale, en donnant à ses semblables, une sépulture qui témoigne, dans les détails, de sa tendresse pour les disparus et de sa foi en une vie supérieure. L'homme heureux, que les philosophes ont vainement cherché, ne serait-il pas ce sauvage, chasseur de renne, en qui tant de conditions d'une vie paisible et attrayante se trouvaient réunies. On est loin de ces descriptions fantaisistes de cabinet, qui nous font de l'homme primitif, un être se réfugiant au fond des cavernes, toujours tremblant à la vue des grands animaux.

Au fil de la préhistoire, nous arrrivons au milieu d'un climat et d'une faune tout différent. L'industrie a changé brusquement car le chasseur est devenu aussi pasteur et cultivateur. Et parce que l'évolution s'est faite ailleurs, ce changement nous paraît comme un saut de la civilisation primitive. Tous les arts que comporte la vie nouvelle, et dont les moindres détails nous ont été conservés dans les cités lacustres, marquent des progrès constants. Il est même étonnant, ce demi-sauvage, dans ses ouvrages qui sont parfois grandioses. En Suisse, il a construit des villages, les posant sur des lacs au moyen de grosses pièces de bois enfoncés dans la terre. En Bretagne, il a dressé des pierres, longues de vingt mètres, et construits des chambres à ses morts avec des dalles énormes. On voyait autrefois, près d'Island, une de ces chambres, appelées dolmens. Les pierres debout, sont dites menhirs, et deux nous ont été conservés à Voutenay et à Pisy.

Tous ces faits annoncent la puissance et l'habileté ; mais les beaux arts, qui sont la fleur de la civilisation, ont disparu totalement ; l'industriel a remplacé l'artiste. Chose plus grave, l'industrie, pour la conservation et le bien-être de l'homme, va se compliquer de l'industrie, pour sa destruction. Les rivalités sont nées, et la guerre est entrée dans le monde. On trouve déjà à cette époque des camps retranchés sur les hauteurs. Les hommes de races diverses, en se multipliant, connaîtront les dissensions, et ce n'est plus la bête sauvage qui sera l'ennemie de l'homme.

On connaît les abris de l'homme préhistorique, les objets de son industrie, les pièces de son gibier, les ossements mêmes de son squelette, et on le replace assez bien dans le milieu atmosphérique où il a vécu. Mais à quelle date, selon notre manière de compter, faut-il faire remonter du moins son arrivée en Gaule. La chronologie relative, comme on la nomme, c'est-à-dire l'ordre dans lequel les peuplades se sont succédées, est sûrement fixée. On sait que les hommes des alluvions, appelés par les archéologues Chelléens et Acheuléens, sont les premiers occupants du sol. Après eux, viennent les chasseurs d'ours, dits Moustériens, qui commencent à fréquenter les grottes, puis ce sont les Magdaléniens chasseurs de renne et artistes. L'âge de la pierre se continue et se termine par des populations industrieuses appelées Néolithiques, chez qui le bronze, apporté par le commerce, fait son apparition dans les grottes.

Cette succession constante, cette marche des civilisations se présente toujours la même dans le remplissage des grottes, soit dans nos vallées, soit ailleurs. Aucune couche industrielle n'est en avance ou en retard dans la série, encore qu'une couche puisse manquer. Ce rapport invariable des différentes civilisations est ce qu'on appelle la chronologie relative, et cet ordre constaté est déjà une belle découverte. Mais l'esprit n'est pas satisfait, tant qu'il ne saisit pas le point de contact entre ces civilisations lointaines et celles de l'histoire. Jusqu'ici le mystère qui cache nos origines en Gaule, ne s'est pas éclairci ; ce qui a permis aux chronologies fantaisistes de se donner carrière. Avancer des dates n'est qu'un jeu, mais la science exige que les chiffres reposent sur des données positives. Les maîtres de l'archéologie préhistorique n'ont rien voulu avancer sur ce point, car ils ont vu combien grande est la difficulté.

L'Occident, en effet, ne ressemble pas à l'Orient où toutes les civilisations se relient l'une à l'autre par des monuments, des inscriptions, des monnaies qui vous mènent du connu à l'inconnu, du dernier anneau de la chaîne au premier. En Occident, où la vie fut longtemps d'une extrême simplicité, les rapports avec l'Orient sont insaisissables. L'Occident est demeuré des siècles une terre isolée et couverte de ténèbres, ce qu'il devait au régime glaciaire qui le séparait du reste du monde. L'Orient, au contraire, était en pleine lumière et possédait une civilisation avancée que des rapports entre les peuples lui avaient procurée. On ne voit donc pas la possibilité de souder la préhistoire à l'histoire.

Dans la Gaule, la fin des âges préhistoriques de la pierre, d'après de sérieuses observations, remonterait à 2500 ans avant Jésus-Christ. C'est l'époque où le bronze vient pénétrer l'industrie du silex. Au delà, si l'on veut avancer, il faut pour ne pas s'égarer faire certaines constatations. Les centres de populations constitués par les grottes, sont rares en France. Dans nos régions, on sait quel petit nombre de grottes a été occupé, et dans ces quelques abris, le petit nombre de foyers ou d'indices de stationnements. Les débris d'os et de silex peuvent se compter ; et quelques milliers d'éclats de silex sont peu de chose, un ouvrier pouvant en faire des centaines par jour. On aurait donc de ces faits l'impression d'une durée très courte ou d'une population extrêmement restreinte, mais l'impression ne prouve rien.

On a interrogé toutes les causes naturelles : les alluvions pluviales et marines, les cônes de déjection au pied des montagnes, les dépôts de concrétion des grottes, les érosions et corrosions des eaux. Comme on devait s'y attendre, de grandes différences séparent les résultats de ces observations ; la conclusion certaine qui en ressort, c'est que les phénomènes naturels ne relèvent pas des mathématiques. Nous n'avons pas la solution du problème, il faut la chercher.

J'ai proposé dans plusieurs congrès une observation que seuls peuvent apprécier ceux qui ont pratiqué méthodiquement des fouilles. C'est à savoir qu'il faut tenir compte de la parfaite conservation des os dans le remplissage des grottes, ce qui doit résulter de la formation assez rapide de ces remplissage. Là, où certains naturalistes donneraient 50.000 ans à un dépôt de 5 mètres de détritus, et par suite à la présence des préhistoriques dans un abri, il faudrait donc à bon droit, mettre dix fois moins. Qu'un ossement délicat exposé aux influences de l'air reste 5 ans sans être recouvert par les détritus de la grotte, cela se conçoit à la rigueur. Mais qu'il reste ainsi 500 ans, exposé à toutes les températures, cela dépasse toute hypothèse. S'il n'y a pas de données certaines dans cette observation pour fixer une date, il y a des raisons suffisantes pour combattre les exagérations des archéologues de cabinet.

Quoiqu'il en soit, la date importe moins que l'homme lui-même. Or, nous le voyons dès le premier jour, marqué du caractère qui le fait reconnaître au milieu des autres êtres de la création. Il est bien, par son génie, l'homme conquérant tel que la Bible nous le présente, Dieu lui ordonnant de remplir la terre et de dominer sur tous les animaux. Expansion et domination, ces deux caractéristiques de la vie humaine, sont visiblement le privilège de l'homme préhistorique. Le civilisé moderne n'a donc pas à rougir de ses premiers ancêtres, qui sont hommes comme lui. Tout déprimé que soient les crânes les plus anciens, on voit, quand même, briller sur eux, le reflet de l'Intelligence infinie.

TABLE DES MATIÈRES

Saint-Moré :

Temps géologiques 3
Epoque préhistorique 5
Epoque gauloise 10
Epoque gallo-romaine 11
Epoque barbare 16
Epoque du moyen-âge 17
Epoque moderne 20

Voutenay :

Temps géologiques 23
Epoque préhistorique 24
Epoque celtique ou gauloise 26
Epoque gallo-romaine 27
Epoque mérovingienne 30
Epoque du moyen-âge 31
Epoque moderne 34

Les premiers habitants de l'Avallonnais 37

IMP. DE LA « REVUE DE L'YONNE » – AVALLON

www.ingramcontent.com/pod-product-compliance
Ingram Content Group UK Ltd.
Pitfield, Milton Keynes, MK11 3LW, UK
UKHW021518260726
13993UKWH00004B/1743

9 782329 197388